Hans Albert Höntges
Herbert Falken

Du hast mich in den Tod geworfen

Hans Albert Höntges
Herbert Falken

Du hast mich in den Tod geworfen

Bilder zu Passion
und Kreuzweg

Herder
Freiburg · Basel · Wien

Vorwort

Bilder zu Passion und Kreuzweg – so heißt dieser Zyklus von 15 Bildern in der Krypta der Pfarrkirche St. Gregorius. Die Bilder hängen in Gruppen nebeneinander und füllen die ganze Wand. Herbert Falken hat diese Bilder für diesen Raum geschaffen. Er war bis 1977 zehn Jahre als Seelsorger in der Gemeinde tätig.

Auf einen historisierenden Bilderzyklus wurde bewußt verzichtet, das würde den Betrachter nicht mehr herausfordern.

Das erste, was diese Bilder ausdrücken, ist: was für ein unfaßbares Ereignis Passion und Kreuzweg waren und sind.

Die Bilder erschließen sich nicht schnell. Mit Passion und Kreuzweg kann man nicht fertig werden

Eine Frau sagte mir: »In diesen Bildern finde ich mich wieder mit meinem Leid. Indem diese Bilder in einem sakralen Raum hängen, kommt mein Leid mit Religion in Berührung«.

Das ist das Tiefste, was man betrachtend sagen kann.

Die Bilder haben den Raum verändert.

Sie hängen an der Rückwand.

Altar und Tabernakelsäule haben ein Gegenüber bekommen.

Die Texte sind entstanden, indem ich diese Bilder meditiert habe.

Es sind meine persönlichen Bildeindrücke.

Vielleicht helfen sie dem Betrachter, seinen Zugang zu den Bildern zu finden.

Hans Albert Höntges Im November 1996

gelitten unter Pontius Pilatus,
gekreuzigt,
gestorben und begraben,
hinabgestiegen in das Reich des Todes

1.

Ein Mensch sinkt rückwärts zu Boden. Der Kopf ist noch einmal nach rückwärts geneigt.

Nichts wird dieses Sinken aufhalten, die Arme nicht, die Beine nicht. Die Augen sind geschlossen und der Mund.

Es gibt nichts mehr zu sehen und zu sagen.

Die Linien drücken Ohnmacht aus, eine Müdigkeit, die nichts mehr hält.

Hier hat etwas Endgültiges begonnen. Wer so sinkt, der richtet sich nicht wieder auf und ist wie vorher. Es gibt kein Vorher mehr. Alles Tätigsein ist hier zu Ende. Hier ist nichts mehr aktiv.

Passiv ist alles. Die Passion beginnt.

Die Passion, die zum Tode führen wird.

Zum Tode verurteilt. Aufgegeben. Fallengelassen.

Einmal war es Jesus, den Pilatus fallen ließ.

Warum – das wußte Pilatus nicht. Ecce homo – was ist schon ein Mensch.

Jesus – einer von Millionen, die zum Tode verurteilt werden in dieser Welt ohne Gerechtigkeit. Pilatus ist überall.

Und immer beginnt es so. Mit dieser Ohnmacht, die weiß, daß es nun zu Ende geht.

Und zum ersten Mal ist diese Frage da: Warum? Warum bin ich so verlassen? Es ist nicht immer Pilatus, der einen aufgibt und fallenläßt und verurteilt.

Der Mann im weißen Kittel sagt: »Noch ein halbes Jahr.« Und der hat wirklich keine Schuld. Und die Hände wäscht er sich aus anderem Grund.

Nein – nicht immer ist es Pilatus, der einen aufgibt und fallenläßt.

Ein Mensch sagt zu einem anderen: »Es ist aus. Endgültig.« Und der andere sinkt rückwärts zu Boden. Und nichts hält ihn mehr auf. Und fragt: Warum? Und bekommt keine Antwort.

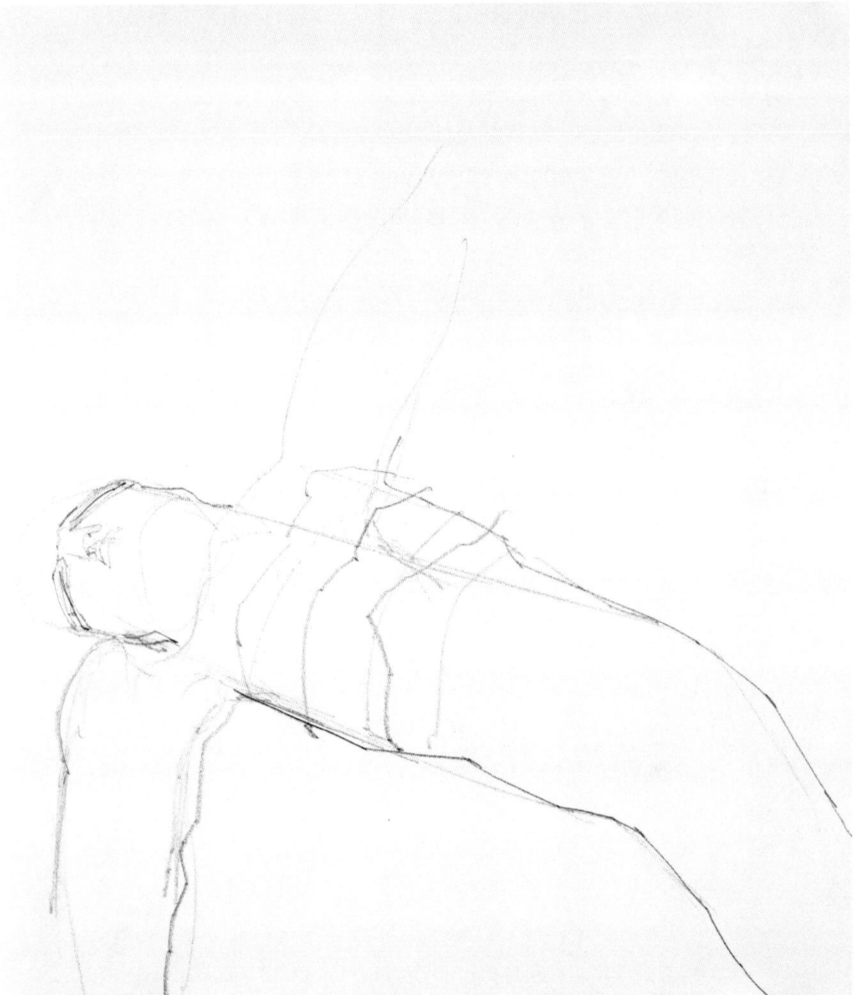

2.

Die Linie fällt von oben, fällt ohne Halt, vom Fuß über das Bein, über die Hüfte, den Bauch, den Brustkorb bis in den ausgestreckten Arm. Die Arme ausgebreitet, den Kopf nach unten, die Beine steil nach oben: das Kreuz.

Der ganze Mensch – ein Kreuz. Das Kreuz steht Kopf. Das Kreuz steht immer Kopf. Das Kreuz stellt den Menschen auf den Kopf. Noch sind die Arme nicht auf's Kreuz gedrückt. Noch keine Nägel. Was sagen diese ausgespannten Arme?

Wehrt der Mann sich nicht? Nimmt er das an?

Das Kreuz annehmen? Kann man das? Darf man das? Ist das nicht gegen die Natur?

Auf einmal steht es neben uns: das Kreuz. Auf einmal liegen wir darauf. Was dann?

So schnell geben wir nicht auf. Versuchen vieles.

Laufen weg. Lassen es stehn und liegen: das Kreuz.

Nicht meins.

Es ist nur etwas Vorübergehendes. Es wird alles wieder gut. Während wir doch schon wissen: es geht nicht mehr vorüber. Es wird nicht wieder gut. Dann bäumen wir uns auf, lehnen uns auf dagegen, wollen es nicht: nicht ich, nicht so, nicht jetzt.

Aber die Kraft, die wir bei der Auflehnung in uns spüren, betrügt uns. Sie fällt in sich zusammen, diese Kraft. Wir fallen in uns zusammen. Können nicht mehr weglaufen. Können es nicht mehr leugnen, können uns nicht mehr wehren. Dann beginnt die Verzweiflung oder die Annahme. Es ist leichter, sich der Verzweiflung zu überlassen. Sie hat so viel für sich. Wie die Annahme so vieles gegen sich hat. Und es sind noch viele Stationen, bis einer sagen kann: »Wenn meine Arme nur weit genug sind, um alles zu umfassen« (Camus).

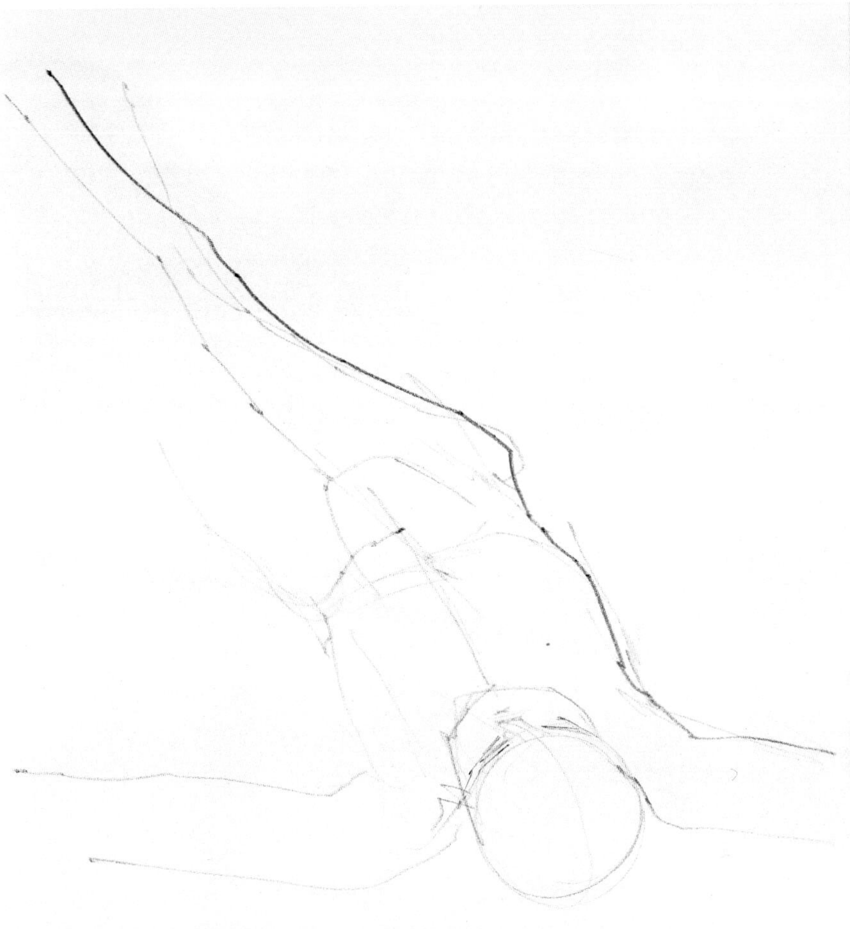

3.

Mit dem Annehmen ist es noch nicht getan. Es muß getragen werden. Aber die Kräfte reichen nicht. Er fällt.

Er fällt vornüber. Und wieder hält nichts dieses Fallen auf.

Wie gefällt liegt er da.

Und krümmt sich in den Schmerzen dieses Falles.

Die Arme halten nichts mehr und nicht die Beine.

Das Fallen ist in allem – auch im Kopf.

Schwerverwundete liegen so, Ohnmächtige, Sterbende.

Der da fällt, ist seiner selber nicht mehr mächtig.

Ist aus seinem eigenen Schwerpunkt herausgefallen, schlägt nur noch auf, gekrümmt vor Schmerz.

Das ist kein gutes Fallen; denn nichts fängt ihn hier auf.

Das ist keiner, der sich losläßt, weil das Fallen ja ein Ende hat. Denn da ist keine Geborgenheit, in die sich das Vertrauen fallen läßt. Da sind nur Steine.

Die Kraft ist schon zu Ende. Und der Weg fängt erst an. Wieviele sind so gefallen, gekrümmt in den Schmerzen ihres geschundenen Leibes, in den Folterungen und Vergewaltigungen, in den Quälereien der Sadisten vor 1000 Jahren und heute abend. In 70 Ländern dieser Erde wird gefoltert – auch heute abend.

Wie viele sind so gefallen, gekrümmt in den Schmerzen ihrer Seelen, als ihnen Gewalt angetan wurde mit Worten, die so weh taten, die alle Kraft nahmen, die einen hinwarfen – wie gefällt.

Und das Vertrauen war aufgebraucht und die Geborgenheit nicht da. Wie viele fallen so, wenn sie sich selber aufgegeben haben, wenn der Glaube an sich selbst erschöpft, die Kraft des Selbstvertrauens aufgebraucht ist – und die Selbstzweifel so groß sind, daß wir stürzen, vornüberstürzen und uns vor Schmerzen krümmen.

So wie wir bist du gefallen.

4.

Zwei Menschen. In der Mitte einer, der seinen Arm ausstreckt, um einen anderen zu halten.

Dieser andere – ein Fuß, ein Bein, der gebogene Körper, nur noch angedeutet: herabhängend Kopf und Arme. Dieser andere wird getragen. Aber zugleich hüllt er die Gestalt in der Mitte ein. Aber da beginnt der äußere Körper noch einmal bei der Hand, dem herunterhängenden Arm – auch dieser Arm wird von der Gestalt in der Mitte gehalten. Noch einmal also die umhüllende Figur, aber oberhalb von Hand und Arm nur noch als doppelter umhüllender Kreis.

In diesem vierten Bild sah ich zuerst Simon von Cyrene, der Jesus das Kreuz trägt, der sich Jesus selber aufgeladen hat und von ihm umschlossen wird.

Das wäre eine wunderbare Deutung.

Aber dann habe ich noch etwas anderes gesehen. Und das hat mich immer mehr fasziniert.

Nicht Simon von Cyrene trägt Jesus das Kreuz – sondern Jesus begegnet seiner Mutter.

Das Bild läßt beides zu.

Jesus und seine Mutter.

Hier begegnen sich zwei Menschen, die eine lange Geschichte miteinander haben, die sich gehalten, die sich geborgen haben in Freude und Schmerzen.

Wie oft ist die Mutter ihm begegnet, seit sie ihn unter ihrem Herzen getragen hat; seit sie ihn in den Armen hielt; seit sie den Verlorengegangenen wiederfand: »Warum hast du uns das angetan«; seit er wegging aus ihrem Haus und sie die Mutter blieb und zugleich so seltsam fremd wurde, weil jetzt soviele seine Mutter waren, wie er ihr sagen ließ; seit sie ihn auf der Hochzeit traf: fremd und Sohn zugleich und ihr Vertrauen riesengroß:

»Was er euch sagt – das tut«; seit sie ihm begegnet in den

Erzählungen der Menschen, die ihn getroffen hatten, die ihn gehört hatten, die heil geworden waren durch ihn.

Und nun – noch einmal – begegnet sie ihm. Auf dieser Straße in Jerusalem.

Nun ist er einer, der aus vielen Wunden blutet, der todmüde seine Schritte setzt, dessen Augen nicht mehr viel Halt finden.

Er sieht an. Nur im Vorübergehen? Bleibt er stehen? Berühren sie sich? Wir wissen es nicht.

Dieses Bild erzählt mir die Begegnung auf ganz andere, innere Weise. Tief in ihren Seelen begegnen sie sich. Und das genügt. Er begegnet seiner Mutter. Und sie begegnet ihm. Indem sie sich mit ihm umhüllt, vereint sie sich mit ihm ein letztes Mal. Ein letztes Mal nimmt sie ihn an. Nie war er ihr so fremd und nah zugleich. Nichts mehr ist zwischen ihnen – dieses letzte Mal. In dem Bild ist viel Geheimnis. Der herabhängende Arm, der die Hand hält, wessen Arm ist das, ist das er – ist das sie, die jetzt ihn umhüllt, die ihn noch einmal in ihrem Mutterleib bergen will, die ihn hält ein letztes Mal und ihn entläßt für immer? Halten und lassen.

Wie viele Mütter sind in diesem Bild: zu lieben – zu leiden – zu halten – zu lassen und in aller Verlassenheit diese Ahnung von Geborgenheit.

5.

Nach der sparsamen Zeichensprache der vier ersten Bilder – Linien auf weißer Fläche – bricht nun alles auf. Wenig Weiß, etwas Grau, viel Schwarz.

Bewegung ist jetzt alles.

Entfesselte Kräfte, die weh tun.

Ein Mensch – eben angedeutet im weißen Feld am oberen rechten Bildteil. Der Mensch liegt, ist gestürzt. Ein schwerer Balken, zum Fallen geneigt. Das ist kein Balken mehr, den dieser Mensch noch tragen kann. Der Balken wird auf diesen Menschen fallen. Die kreisförmige Linie legt das schon fest. Der Balken wird den Menschen zermalmen. Zum ersten Mal in dieser Bilderfolge begegnet uns hier das Kreuz im Balken: eine brutale Gewalt, die weh tut.

Es wird gesagt: Wir müssen das Kreuz tragen, ehe es uns trägt.

Aber zuerst erschlägt es uns: das Kreuz. Es gibt kein Ausweichen. Wer ihm begegnet, entkommt ihm nicht. Und da ist nichts, was hilft.

Leer ist die grelle, weiße Fläche. Der Mensch ist mit dem, was ihn erschlägt, allein.

In einem alten Gedicht beklagt sich ein Mensch bei Gott über das Kreuz, das er trägt: es sei zu groß, zu schwer, nicht angemessen seiner Kraft. Da sieht sich der Mensch in einem Traum in einen großen Saal versetzt. Hier aufgespeichert ist das Leid. »Jetzt kannst du wählen unter diesen Kreuzen allen.« Dreimal mustert der Mensch die vielen Kreuze. Doch es will keines zu ihm passen. Dann sieht er eines, das hat er früher übersehen. Das scheint ihm angemessen – nicht zu leicht gewiß – aber auch nicht zu schwer. Und wie er's genauer anschaut, stellt er fest, es ist dasselbe, das er früher schon getragen. Er lädt es auf und trägt es ohne Klagen.

Ist das so? Ist jedes Kreuz nur so groß und nur so schwer, wie jeder Kraft hat, es zu tragen?

Nein – so ist es nicht. So ist es manchmal. Aber oft ist es so nicht.

Das macht ja gerade das Schreckliche des Kreuzes aus, daß keiner es sich aussucht, daß keiner gefragt wird, wieviel Kraft er hat. Auf einmal steht es neben dir. Du fällst, und es fällt über dich. Zwei Drittel des Bildes sind dunkel. Eine Treppe, die nach unten führt, ist angedeutet. Eine finstre Treppe, wie sie zu so vielen Folterkellern herabführt.

Und ganz unten liegt einer.

Es tut weh, wie der Balken gleich vielfach auf ihn niedergeht. Wie von einem federnden Mechanismus ausgelöst, wiederholen sich die Schläge. Nichts hält sie auf. Nichts wehrt sich mehr. Hier kann sich nichts mehr wehren. So fürchterlich, so schrecklich ist das Kreuz. Das wird uns hier bewußt. Und das muß sein.

Wir haben uns nämlich an das Kreuz gewöhnt.

Es macht uns nichts mehr aus es anzuschauen. Es schmückt das Heim und baumelt in Gold oder Silber an ungezählten Halskettchen – bar aller Schrecken.

Das Kreuz ist aber voller Schrecken. Es ist nicht zum Gewöhnen. Es hat eine todbringende Gewalt, eine zermalmende Wucht. Dieses Bild zeigt uns das Kreuz in seiner ganzen Schrecklichkeit. Hier ist es Jesus, der unter sein Kreuz fällt.

Und es sind zugleich die Namenlosen, die unter der Folter von Geheimpolizei und enthemmter Soldatesken zusammenbrechen, die in die Keller getrieben werden, aus denen die Schreie nicht nach draußen dringen, aus denen nichts herausführt als der Tod.

Das Leiden der Menschen in der Passion des Herrn. Das ist ja das Thema dieser Bilder.

6.

Dunkel ist das Blatt – bis auf das kleine, weiße Rechteck. Trübes Grau und finsteres Schwarz von oben bis unten. Durch diese Dunkelheit schwankt diagonal eine Gestalt – mit weißen und schwarzen Strichen angedeutet.

Mit kräftigen weißen Strichen – der Kopf.

Es ist das Haupt voll Blut und Wunden, voll Schmerz und voller Hohn. Es ist das Haupt zum Spott gebunden mit einer Dornenkron. Es ist das entstellte Angesicht, zu dem Paul Gerhardt vor 350 Jahren betend spricht: »Wie bist du so erbleichet, wer hat dein Augenlicht, dem sonst ein Licht nicht gleichet, so schändlich zugericht? Des blassen Todes Macht hat alles hingenommen, hat alles hingerafft. Und so bist du gekommen um deine Leibes Kraft.« Es ist Jesus auf dem Weg nach Golgatha.

Als Jesus zur Kreuzigung geführt wurde, waren die Straßen voller Menschen. Es waren die letzten Stunden vor dem großen Fest. Manche wandten sich mit Scham ab von diesem blutigen Schauspiel. Andere hatten den Kopf voll mit anderen Dingen, sahen es und gingen weiter. Wieder andere waren gekommen, um das zu sehen. Es gibt immer Menschen, die so etwas gern sehen.

Manche waren gekommen, weil sie es nicht fassen konnten, denn dieser Jesus, der sich kaum noch auf den Beinen halten konnte auf seinem Weg in seinen Tod, dieser Jesus war für sie alles gewesen. Von Frauen wird berichtet, die geweint haben, als sie ihn so sahen.

Die Legende hat einer dieser Frauen einen Namen gegeben: Veronika.

Von ihr sagt die Legende: sie sei aus der Reihe getreten, vor Jesus hin und habe den Zug zum Stehen gebracht.

Sie hat es nicht ausgehalten in ihrem Schmerz. Was kann sie tun?

Gar nichts kann sie tun. Was geschieht, kann sie nicht verhindern. Nicht einmal einen Schluck Wasser hat sie für ihn. Gleich werden die Soldaten sie wieder in die Reihe zurückschicken. Was kann sie tun?

Ein Tuch hat sie dabei. Und in ihrem rührenden Wunsch, dem Leidenden eine kleine Wohltat zu erweisen, so klein auch immer, eine Geste des Mitleids, des Erbarmens, der Liebe – reicht sie ihm ihr Tuch.

Und er nimmt es an. Und drückt es auf sein Gesicht, das naß ist von Blut und Schweiß.

Als er ihr das Tuch zurückgibt, ist in dem Tuch sein Gesicht zu erkennen: aus Schweiß und Blut sein Gesicht.

Diese Frau, die in ihrer Hilflosigkeit ihm gut sein wollte – sie erhielt dafür ein Geschenk, das unermeßlich ist: der zu Tode leidende Christus schenkt ihr sein Bild. Aus Blut und Schweiß ein Bild des unsichtbaren Gottes. Und es ist kein entstelltes Angesicht.

Geschlossen ist der Mund, der alles gesagt hat.

Die Frau zeigt das Tuch, verschwindet selber hinter dem Tuch, nur angedeutet ihr Kopf darüber.

Zwei große Augen, kein Mund. Alles, was sie zu sagen hat, sagt sie in dem Tuch, das sie uns zeigt.

Die Frau ist Legende. Aber ist diese Frau nicht zugleich Wirklichkeit? Wie oft hat sich der Kreuzweg wiederholt.

Diese Spur von Blut und Schweiß zieht sich durch die Zeiten und Länder. Menschen auf dem Weg in den Tod. Schändlich zugerichtet von den vielen Henkern.

Aber nicht nur die körperlichen Schmerzen tun weh. Auch was Menschen in ihren Seelen leiden: Demütigungen, Verzweiflungen, Ängste, Zwänge, Ausweglosigkeiten.

Und wir sind am Weg. Zufällig, hilflos, fassungslos. Stehen in der Reihe und können nichts tun.

Und doch gibt es Zeichen, Gesten der Anteilnahme, des Mitleides, der Liebe.

Wie das Tuch der Veronika. Aber dazu muß ich aus der Reihe treten. Die Frau sei doch nur eine Legende?

Dieses Bild sagt zu mir:

Dann sei du doch wenigstens keine Legende.

7.

Fast das ganze Bild ist in Bewegung.

Obwohl so viele Linien die Waagerechte betonen – ist die Bewegung, ist die Unruhe stärker.

Weiße, graue, schwarze Flächen überstürzen sich.

Die Bewegung reicht von den kreisförmigen Linien im unteren Bildteil bis zu der schwarzen Fläche, die aus dem oberen Bildteil nach rechts hinausdrängt.

Und in der Mitte – sind das Vögel, die aufflattern, die vom Sturm fortgerissen werden? Sind das Schiffe, die auf den Wellen treiben? Aufgewühlt sind die Wellen. Halten diese Schiffe ihnen stand? Haben sie Kurs, diese Schiffe? Treiben sie hilflos auf dem Wasser? Reißt die nächste Sturmwelle sie in die Tiefe?

Und noch einmal: Diese beiden schwarzen Flächen mit den weißen Konturen in der Mitte – sind das wir? Sind das unsere Seelen, aufgescheucht wie Vögel, die den Turm nicht mehr finden, wo ihre Nester sind?

Das Bild ist vieldeutig. Herbert Falken legt uns mit seinen Bildern nicht fest, er läßt uns viele Möglichkeiten, uns wiederzufinden in diesem Bild.

Und wir finden uns wieder in diesem Bild.

An der See schaue ich gerne Vögeln zu, wie sie fliegen im freien Raum der Luft; wie sie gleiten, steigen, fallen, wie sie in der Luft zu stehen scheinen für Augenblicke, wie sie ihre Richtung ändern, wie sie ein Ziel anfliegen, wie sie mit anderen in der Luft zu spielen scheinen, wie sie anderen nachjagen, wie sie landen, wieder zur Ruhe kommen, wieder auffliegen. Und in diesem Wechselspiel von Wind und Flügelschlag hat alles seine ruhige Gesetzlichkeit, die wir – spät – von ihnen gelernt haben und in den großen künstlichen Vögeln nachstellen.

Aber manchmal kommt an der See ein Sturm auf, eine plötzliche starke Böe jagt in das freie Spiel der Vögel, dann ist alle Gesetzlichkeit außer Kraft gesetzt, vergeblich versuchen die Tiere durch Flügelschlag in der Bahn zu bleiben. Sie werden weggefegt, verlieren jede Orientierung, bis sie aus der Gewalt des Sturmes, der Böe entlassen werden, sich wieder fangen, die eigene Orientierung wieder aufnehmen.

Geht es uns nicht zuweilen auch so? Herausgerissen aus Gewohnheit, Sicherheit, vertrautem Können, verlieren wir mit einem Mal die Orientierung, die bekannten Regeln haben keine Gültigkeit mehr; nicht uns gehorchen die Elemente, wie wir das gewohnt waren. Wir sind ausgeliefert. Bis uns der Sturm entläßt und wir uns wiederfinden. Wenn wir uns denn wiederfinden!

Und wenn es Schiffe sind – diese weißen Konturen? Schiffe, in die die Sturmwellen hineinschlagen?

Was überflutet uns, fragten wir uns in einem Gespräch mit jungen Menschen.

Die Angst, sagten sie. Die Angst überflutet uns. Die Angst zu versagen; die Angst, nicht zu genügen; die Angst zu verlieren; die Angst vor dem Nachlassen der Kraft; die Angst vor der Vergeblichkeit.

Was überflutet uns? Die Anonymität, sagten sie. Die Anonymität, in der keiner mehr er selbst ist, in der keiner mehr als er selbst wahrgenommen wird, im Grau des einerlei unterzugehen; das Gesicht hinter Masken zu verlieren.

Das Schiff in dieser unruhigen See – ist das die Kirche? Als Papst Gregor der Große vor eineinhalb Jahrtausenden für fünfzehn Jahre das Papstamt antrat, sagte er: »Ich habe ein altes, von den Wellen arg mitgenommenes Schiff übernommen, in das von allen Seiten das Wasser eindringt und dessen morsche Planken, von Stürmen gepeitscht, den nahen Schiffbruch ankündigen.« Haben wir die Kraft und den Mut, solchen Realismus heute noch zu teilen?

Aber gibt es denn keinen Halt in dieser Orientierungslosigkeit? Was wir noch nicht betrachtet haben, auf diesem Bild: das Kreuz. Unübersehbar ragt es am hinteren oberen Bildrand: das Kreuz. Und diese beiden Kreuzbalken sind hier das einzig Feste, Stabile in dieser Unruhe. Welche Wirklichkeit aber hat ein Kreuz, das Festigkeit vermittelt? An was rühren wir da?

Ist es jene Wirklichkeit, von der wir in dem Passionslied singen? In dem Lied vom Kreuz. Da heißt es in einer Strophe: Du bist die starke Brücke, darüber alle Frommen wohl durch die Fluten kommen.

Das Kreuz als starke Brücke? So haben wir das Kreuz bisher nicht gesehen. Wir müssen mißtrauisch sein gegen schnellen Trost und noch mißtrauischer gegen schnelle Lösungen.

Wir machen hier eine ganz neue Bilderfahrung vom Kreuz.

Wir sind mit diesem Kreuzweg noch lange nicht am Ende.

Wir lassen diese Bilderfahrung vom Kreuz jetzt hier so stehen.

8.

Ehe ich zu deuten versuche, will ich sagen, was ich sehe. Ich sehe von unten noch oben: kantige, schwarze, schwere Flächen, die miteinander verbunden sind.

Die untere, rechts beginnend, schließt das Bild ab. Von ihr weist - doppelt so breit - eine zweite diagonal noch oben. Sie bricht im oberen Drittel ab. Die dritte beginnt links, geht durch die Mitte, wird dann im Ton grau, lockert sich in der Struktur, bricht da ab oder läuft als angedeutete weiße Fläche rechts aus dem Bild.

Wo immer mein Blick ansetzt, er wird in die Bildmitte geführt, wo eine Unzahl von Linien, kreisförmig und oval, offen oder gerundet, nach oben weisen, wo sie sich - wiederum nach oben - öffnen. Und ich sehe Seitenlinien - ansteigend und wieder fallend – sie laufen durch die Mitte.

Diese Mitte ist ein angedeuteter, im Zentrum wie geteilter Kreis, grau in schwarz.

Das ist, was ich sehe.

Nach einem Wort von Hans Urs von Balthasar kann man alle Dinge doppelt sehen: als Faktum und als Geheimnis.

Nachdem das Sichtbare, das Faktum, beschrieben ist, versuche ich, für mich das Geheimnis des Bildes wahrzunehmen.

Schwer von unten in die Bildmitte hinein, liegend das Kreuz. Noch einmal, quer, unterhalb der Bildmitte der schwarze Kreuzbalken! Mit diesem Kreuzbalken korrespondieren die sich hebenden und sich senkenden Linien.

In der Mitte bäumt sich etwas auf, wild und schmerzlich und doch mit einer in sich ruhenden Mitte. Ich deute es für mich so, daß hier in Gleichzeitigkeit verschiedene Vorgänge angedeutet sind.

Der Querbalken unterhalb der Bildmitte und die aufsteigenden und fallenden Seitenlinien: Jesus fällt auf sein

Kreuz. Die gefallene Gestalt nur angedeutet, die Gestalt schon in Auflösung, am Ende aller Kraft, wie hingegossen.

Und da, wo sich die Kreuzbalken schneiden, bäumt die geschundene Kreatur sich auf. Das gequälte Fleisch schreit. Will sich nicht foltern lassen.

Wie oft haben vorher und nachher gequälte Menschen aufgebrüllt, sich wie rasend aufgebäumt.

Keiner kann zu Jesus sagen: du hast soviel gewußt, du hast soviel erlebt. Aber was Schmerzen sind, was Qualen sind, was Menschen alles machen können mit Menschen, was Todesqualen sind – das weißt du nicht!

Das kann keiner zu Jesus sagen.

Hier sollte ich mit dem Bild zu Ende kommen.

Aber, was sich da so schwarz und wild aufbäumt, es läßt mich auch die ganze Zeit an etwas anderes denken, was auf den ersten Blick überhaupt nicht paßt zu Kreuz und Qual.

An eine Knospe!

Eine schwarze Knospe; die eben anfängt, sich zu öffnen. Die noch alles verdeckt. Noch zeigt sie nicht, was in ihr geworden ist. Zu welcher Frucht sie reifen wird. An was rühren wir?

Der angedeutete graue Kreis in der Mitte läßt es uns ahnen.

Ist die Frucht des Todes: Geburt?

Wie vieles finden wir hier wieder – von ihm – von uns?

9.

Wieder halte ich mich zuerst an das, was ich sehe.

Ein großes, schwarzes Dreieck, das sich am stärksten behauptet und das zugleich etwas verdeckt.

Unterhalb sehe ich das Dreieck noch viermal – nicht als schwarze Fläche, sondern als verschieden kräftige Linien. Zur Mitte biegt sich eine Leiter, durch kräftige Längsstriche markiert und durch Querstriche, die mit einigen Dreieckslinien trapezartige, neue Formen bilden.

Hinter der Leiter sehe ich das Kreuz: breit der Längsbalken in den beiden schwarzen Linien – schmal oben der Querbalken.

Ich sehe drei Figuren: die rechte verhüllt, in ihrem unteren Drittel von einem Quadrat umgeben, die mittlere geht im Kreuzbalken auf, die linke, größte wird von Leiter und Dreiecken überdeckt, von dem schwarzen Dreieck zum Teil zugedeckt.

Diese Figur ist wieder anders als die rechte und die mittlere. Von dem Teil, den das schwere Dreieck zudeckt, gehen viele Linien nach links und rechts unten. Während die beiden rechten Gitterköpfe geschlossen sind, öffnen sich die Linien der linken Figur nach oben.

Das ist, was ich sehe.

Der Eindruck, den diese vielfältige Bildsprache auf mich macht, ist der von Zerstörung.

Hier wird verhüllt, zugedeckt, vernichtet, zerstört.

Die beiden rechten Köpfe sind Gitterköpfe.

Gitterköpfe sind gefangene Köpfe, eingeschlossen, verriegelt. Die ganze rechte Gestalt ist eingehüllt.

Gefangen – wie in einer Zwangsjacke?

Verhüllt – um durch die Verhüllung umso sichtbarer zu werden? Sitzt diese Figur? Ist es Jesus – umhüllt mit dem Spottmantel?

Ist es Jesus – der seiner Kleider beraubt wird: eine Vernichtung eigener Art: die gewaltsame Entblößung, preisgegeben allen Blicken – das zerschundene Fleisch? Die Figur ist dem Maler wichtig. Der Figur ist fast ein Drittel des Bildes eingeräumt. Wer ist das? Sind das wir?

Mit vergittertem Kopf, gefangen in der Ablehnung der anderen, gefangen in den Klischees der anderen, in den abschließenden Vorurteilen der anderen, aber auch in den eigenen?

Wie zugeschnürt in den Zwangsjacken unserer Empfindungen, unserer Gedankengänge, unserer Abneigungen, unserer Ängste?

In der Mitte: die Leiter, die im Kreuz endet.

Auch hier tut alles weh.

Leiter als Folter.

Die Trapeze wie Folterschaukeln.

Diese gebogene Folter entläßt die Figur mit dem Gitterkopf in die weiße Fläche des Kreuzes.

Vernichtung

Aber – in aller Vernichtung auch ein Aufsteigen nach oben. Das Kreuz als Leiter?

Wir singen es in der Passionszeit in dem Lied vom Kreuz: »Du bist die sichre Leiter, darauf man steigt zum Leben, das Gott will ewig geben.«

Ist es der am Kreuz Erhöhte? Der alles an sich ziehen wird. Noch sind die Arme nicht angedeutet, die so weit sind, um alle zu umfassen

Ist die Erinnerung an die Jakobsleiter erlaubt, die Jakob im Traum sieht, als er auf der Flucht vor seinem Bruder Esau ist? Oben an der Leiter stand in seinem Traum der Herr, der ihn segnet.

Als Jakob erwacht, fürchtet er sich, ihn schaudert: Hier ist das Tor des Himmels.

Was bedeutet das für uns? Für unser Kreuz? Für das, was uns bedrückt, was uns vernichtet? Die sichere Leiter? Da schaudert es auch uns.

Das Dreieck.

Auch das Dreieck vernichtet.

Läßt nichts erkennen von dem, was es zudeckt.

Und läßt doch genug davon ahnen.

Wenn wir auch hinter dem schwarzen Dreieck einen Gitterkopf vermuten, dann ist der nicht so eingeschlossen, nicht so verriegelt wie die beiden anderen. Die Linien öffnen sich nach oben. Hinter dem schwarzen Dreieck brechen schwarze Strahlen heraus. Vernichtung – der die Vernichtung doch nicht gelingt?

Leben hinter dem Tod?

10.

Einer schleppt ein Kreuz. Der Mensch – wie in den vier ersten Bildern – in dünnen Linien angedeutet.

Das Kreüz aber massiv und schwarz und schwer.

Der Querbalken des Kreuzes läuft rechts in Strichen aus.

Der lange Balken wird nach unten schmaler. Aber da ist eine kräftige, schwarze Linie, die von links unten am Längsbalken vorbeiläuft, durch den Querbalken geht und in dem oberen Teil des Längsbalkens endet.

Streicht diese kräftige schwarze Linie die Figur durch? Verwirft sie die Figur? Verneint sie sie?

Ober gibt sie vielleicht das eigentliche Seitenmaß des Längsbalkens an, des Balkens, der dann sein ganzes Ausmaß noch nicht erreicht hätte. Ein Kreuz im Werden?

Eine zweite Gestalt wird links oben sichtbar. Der Rumpf ist leicht geneigt, ein Arm ist ausgestreckt. Auch diese Figur ist auf dem Weg. Zwei rechtwinklige Linien – deuten sie eine Distanz an zu der anderen Gestalt? Markieren sie für diese zweite Figur eine eigene Welt? Wer ist das?

Die kreuztragende Figur – ist das der Herr? Oder ist das einer, der ihm das Kreuz trägt – für ein Stück?

Und Jesus folgt ihm?

Diese obere Figur – sind das wir? Auf dem Kreuzweg des Herrn? Oder sind wir das unter dem Kreuz? Und: ist das unser Kreuz – oder nehmen wir einem das Kreuz ab für ein Stück? Ist das einer – unter dem Kreuz? Gehen da mehrere? Wir alle?

Auch hier legt Herbert Falken uns nicht fest – läßt viele Deutungen zu.

Wir auf dem Kreuzweg.

In jener alten russischen Erzählung ist von einem Mann die Rede, der sein halbes Leben unterwegs ist, um den Herrn zu suchen. Und als er ihn findet, da findet er ihn am Kreuz.

Den Herrn hatte er suchen wollen, aber da war er so vielen leidenden Menschen begegnet. Und die hatten ihn so viel Zeit gekostet und Geld und Mühe, daß er denkt, er findet den Herrn gar nicht mehr.

Als er den Herrn aber am Kreuz findet, da ahnt er, daß die Leidenswege der Menschen und der Weg des Herrn und sein eigener Lebensweg ein und derselbe Weg sind. Da heißt es dann von ihm: »Ach, der Arme, er ist soweit gelaufen und hat ihn doch nicht eher gefunden als am Kreuz. Ja, wenn man ihn da nur vor Augen hat – alles ist gut. Die Lehre, die Gebote, welcher Mensch kann das alles schon halten? Erbarme sich der Herr. Aber das Herz des Menschen, der Hunger nach Seligkeit im Gekreuzigten! Das ist ein Geheimnis.« (Edzard Schaper: »Der vierte König«)

Ist das nicht auch unser Geheimnis?

Alles Verlangen in unserem Leben und alles, was ungestillt bleibt. Alle Sehnsucht und alle Vergeblichkeit. Alle Hoffnung und alle Enttäuschung. Alle Hingabe und alles kleine Habenwollen. Die Wege unseres Lebens: manchmal klar – und manchmal so verworren, zielstrebig und wie im Kreis zugleich. Gilt es nicht auch für uns: ach, der Arme, er ist gelaufen und hat ihn doch nicht eher gefunden als am Kreuz. Ja, wenn man ihn da nur vor Augen hat – dann ist alles gut.

Das Bild kann uns auf seine Weise sagen, daß der Kreuzweg des Herrn nie zu Ende ist. Daß die Kreuzwegspur aus Blut und Schweiß und Tränen weitergeht – sichtbar und verborgen. Daß Jesu Kreuz und unser Leben miteinander zu tun haben.

Nicht in frommen Wunschvorstellungen, sondern in einer Wirklichkeit, die oft zugedeckt ist, von der wir aber leben. Daß wir – nach einem rätselhaften Wort – ergänzen, was am Leiden Christi fehlt. Weil wir ja selber auf dem

Kreuzweg sind, beladen mit dem eigenen Kreuz, mit allem, was uns bedrückt; mit allem, was wir nicht verstehen; mit allem, was wir wollen – aber nicht vollbringen; mit allem, was über unsere Kräfte geht.

Daß wir damit aber nicht allein sind.

Daß wir unser eigenes Kreuz unter das Kreuz des Herrn stellen, weil wir sonst nicht wissen, wohin.

Aber auch als ein wortloses Bekenntnis unseres Glaubens – indem wir ahnen, daß unser eigenes Kreuz – das Kreuz des Herrn ist.

11.

Dieses Bild ist ein Schrei. Ein einziger Schrei.

Ein Mensch schreit. Schreit, daß der ganze Mensch ein Schrei ist. Wie lange kann ein Mensch dem Grauenvollen widerstehen, bis er nicht mehr anders kann, als sein Grauen hinauszuschreien? Wie lange kann ein Mensch seine Schmerzen, seine Erniedrigung, seine Verzweiflung zurückhalten, bis er nicht mehr anders kann als seine Schmerzen, seine Erniedrigung, seine Verzweiflung hinauszuschreien?

Viel geht dem voraus, bis ein Mensch es nicht mehr erträgt und nur noch schreit.

Viel wird diesem Schrei nicht mehr folgen.

Aber es ist ja nicht nur der Schrei eines Menschen.

Es ist auch der Schrei nach dem Menschen.

Wer hört ihn denn? Den Schrei!

Wie oft verhallt ein Schrei im Lärm?

Wie oft sagen die, die ihn hören: das geht mich nichts an.

Wie oft sagen die, die ihn hören: so schreit man doch nicht, wer läßt sich denn so gehen?

Wie oft gehen die, die ihn hören, einfach weiter?

Nein – so ein Schrei ist nicht schön.

Aber, was erwarten wir denn noch! Soll das Grauen, soll die Verzweiflung auch noch schön sein?

Weichen wir dem Schrei nicht aus.

Schauen wir hin.

Ist das ein Mund, der schreit?

Ist das ein Schoß, der schreit?

Das Blatt ist den vergewaltigten Frauen in Bosnien gewidmet. Die Vergewaltigungen der Frauen gehören zu den schlimmsten Greueln dieses Krieges und aller Kriege.

Das war nicht nur die Gewalt von Männern, die alle Hemmungen und alle Scham verloren hatten.

Die Frauen wurden in Lagern bis zu dreißigmal, bis zu vierzigmal vergewaltigt – und dann zu ihren muslimischen Leuten zurückgeschickt, um von denen weiter bestraft, mißhandelt, ausgestoßen, getötet zu werden.

Wer das viehisch nennt, müßte sich beim Vieh entschuldigen. Tiere tun das nicht.

Von den vier Ecken des Bildes gehen kräftige Striche in die Mitte, tiefschwarz, in einzelnen Strichen schraffiert, von zwei Strichen markiert. Da ist es wieder: das Kreuz. Hier in der Form des schrägen Kreuzes, des Andreaskreuzes.

Auch die Erniedrigung, die Schmerzen, die Verzweiflung der bosnischen Frauen hat mit der Erniedrigung, den Schmerzen, der Verzweiflung Jesu zu tun.

In der Mitte dieses Schreis, mit weißen Linien eben angedeutet: ein Kopf. Sein Antlitz?

»Ich bin ein Wurm und kein Mensch. Die mich sehen, verziehen den Mund und schütteln den Kopf.

Meine Angst ist groß. Und kein Helfer ist da.

Ich bin hingegossen wie Wasser. Meine Knochen haben sich voneinander gelöst. Mein Herz ist in meinem Leib wie zerschmolzenes Wachs.

So viele Gottlose umgeben mich.

Eine Rotte von Frevlern umringt mich.

Alle meine Gebeine kann ich zählen.

Sie gaffen mich an und haben ihr Vergnügen an mir.«

So damals – so heute.

Den vergewaltigten Frauen in Bosnien 4/5/93 Falken

12.

Wir schauen die drei Bilder der letzten Gruppe an.

Todesbilder.

Todesbilder von einem Ernst, von einer Eindringlichkeit, von einer Betroffenheit, wie ich es so nie gesehen habe.

Hier hat ein Maler sich und uns nichts geschenkt. Hier wird nichts abgeschwächt, nichts gemildert.

Hier verlangt das Thema uns alles ab.

Beginnen wir beim linken Bild.

Es ist die Finsternis, die über das ganze Land kam von der sechsten bis zur neunten Stunde, als der Vorhang zerriß und die Erde bebte.

Finsternis.

Die Finsternis greift nach ihm, macht ihn selber finster.

Diese Finsternis griff ja auch – wie sollen wir es anders nennen – nach seiner Seele.

Um die neunte Stunde schrie Jesus laut: »Mein Gott, mein Gott, warum hast du mich verlassen?«

Es sind seine Worte, die Markus und Matthäus in diesem Schrei überliefern.

»Mein Gott, mein Gott, warum hast du mich verlassen?« Damit beginnt der 22. Psalm, das Gebet des leidenden Gottesknechtes, schon damals ein tausend Jahre altes Gebet, das Jesus – wie vielen – vertraut war.

»Ich bin ein Wurm und kein Mensch, ein Spott der Leute und verachtet vom Volk. Die mich sehen, verspotten mich und schütteln den Kopf. Sie haben meine Hände und meine Füße durchbohrt. Sie teilen meine Kleider unter sich und werfen über mein Gewand das Los.« Den ersten Satz dieses Gebetes schreit Jesus am Kreuz. Was ist in Jesus vorgegangen, als er diese Worte schrie?

Hat Jesus den 22. Psalm gebetet, oder war es der Schrei seiner ganz persönlichen Gottverlassenheit?

Diese Frage hat die Theologen und die Frommen durch alle Jahrhunderte nie in Ruhe gelassen. Wenn ich denke, er hat sterbend einen Psalm gebetet, dann gehe ich vielen belastenden Fragen aus dem Weg – aber stelle ich mich dann noch dem tiefen Erschrecken über diese Todesstunde?

Wenn ich aber denke, es sei der Schrei seiner eigenen dunklen Gottverlassenheit, dann muß ich mir der ganzen Dimension dieser Ausssage bewußt sein.

»Mein Gott, mein Gott, warum hast du mich verlassen?«

Ich höre das als Jesu ganz eigene, dunkle letzte Frage an Gott. So sehe ich auch dieses Bild.

Der hier in die Dunkelheit versinkt, den die Finsternis so auslöscht – er weiß sich nicht mehr gehalten, fühlt sich ganz verlassen. Schreit nur noch: »Warum?«

Keine Frage haben die Menschen so oft gestellt wie die Frage: Warum?

Nichts hat die Menschen so allein gelassen – wie das Ausbleiben einer Antwort.

Und bekommen sie denn eine Antwort, wenn sie nach dem Warum ihrer Leiden fragen?

Nein – die Rätsel unseres Lebens, die Dunkelheiten unserer Leiden gehen hier nicht auf.

Wer das erwartet – muß verzweifeln.

Wir sterben mit dem »Warum«.

Und wenn Jesus in der gleichen Dunkelheit stirbt, dann ist er ganz wie wir geworden.

In dieser Dunkelheit am Kreuz, so sterbend, ist er an der letzten Station seiner Menschwerdung angekommen.

Nun ganz einer wie wir.

Hätte er uns denn erlöst, wenn er in dem Bewußtsein gestorben wäre, daß es für ihn den Tod nicht gibt?

Als er sich von Gott verlassen fühlt, verläßt er Gott doch nicht. Als ihm das Warum nicht beantwortet wird, nennt er noch Gott beim Namen: Vater.

Als die Finsternis ihn verschlingt, legt er sein Leben in die Hände des Vaters.

Weiter ist nie einer gegangen.

Weiter kann keiner gehen.

13.

Das mittlere Bild.

Agonie.

Die Schleier im Bewußtsein werden dichter.

Das Leben verläßt ihn.

Er neigt sein Haupt und stirbt.

Nichts an diesem Bild nimmt uns den Ernst und die Schwere des Sterbens ab.

Und wir sollten das aushalten – in einer Zeit, in der Sterben und Tod verdrängt werden als nicht zum Leben dazugehörig.

Schönheit und Jugend, Gesundheit und Kraft – das sind die Bilder, die wir an den Wänden sehen, wenn wir durch die Städte gehen. Aber das Sterben und der Tod gehören dazu, gehören zum Leben. Und wer sie verdrängt, der verdrängt auch das Leben selber.

Sterben und Tod sind nicht unsere Themen von morgens bis abends und alle Tage.

So vieles drängt sich immer vor – alle Tage, das will beachtet sein, das will getan sein.

Aber wenn es sich dann ereignet, daß in der Familie ein Mensch stirbt, ein Freund, ein Mensch, dem wir viel verdanken – und der uns viel verdankt, wenn sich der Tod in unserer Nähe ereignet – dann ist alles anders.

Dann sind wir sehr berührt von Sterben und Tod. Und stellen Fragen, die wir sonst nicht stellen. Auch nach uns selber: ob wir denn noch da sind, wenn unser Sterben vorbei ist. Ob wir denn noch da sind, wenn andere von uns sagen, wir wären jetzt von ihnen gegangen. Wohin sind wir dann gegangen?

Wir wissen, daß es einmal sein wird. Das Leben wird uns verlassen. Im Sterben nimmt das Kreuz unseres Lebens seine ganze Größe an.

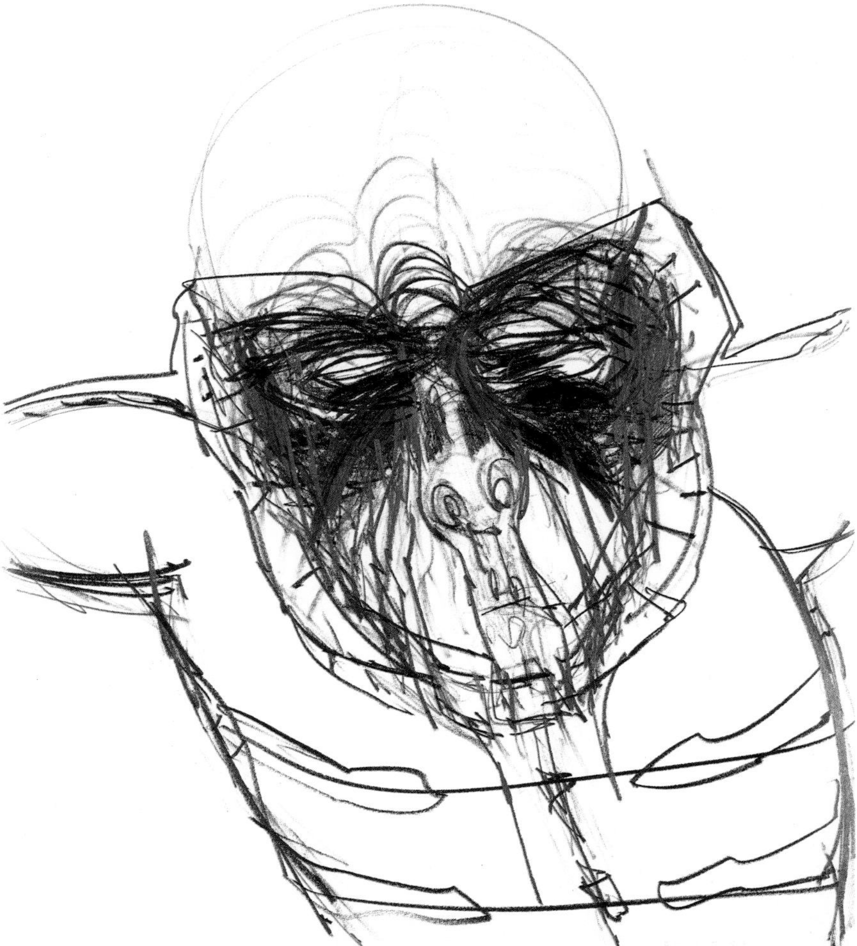

Im Gedanken daran suchen wir Nähe.

Menschliche Nähe – um nicht allein zu sein.

Wir suchen die Nähe zu Jesus.

Was mich bei der Spendung der Krankensalbung am tiefsten berührt, ist das Gebet: »Vater im Himmel, erkenne im Antlitz dieses leidenden Menschen das Antlitz deines leidenden Sohnes.« Was für eine Nähe! Was für eine Dimension!

»Wenn ich einmal soll scheiden,
so scheide nicht von mir.
Wenn ich den Tod soll leiden, so tritt du dann herfür.
Wenn mir am allerbängsten wird um das Herze sein,
dann reiß mich aus den Ängsten
kraft deiner Angst und Pein.
Erscheine mir zum Schilde, zum Trost in meinem Tod,
und laß' mich sehn dein Bilde in deiner Todesnot.«

14.

Wir schauen das rechte Bild.

Gestorben und begraben.

Auflösung.

Mensch, du bist Staub, und Staub wirst du wieder werden.

Mit dem Tod hören wir auf, unser selbst mächtig zu sein – wie stark oder wie schwach auch immer wir unser selbst mächtig waren. Der tote Mensch hört auf – Subjekt zu sein.

Er ist ganz ein Objekt geworden.

Chemische Vorgänge lösen den toten Körper auf.

Nichts ist jedem so sicher wie das.

Trotzdem glauben viele nicht richtig an ihren eigenen Tod.

Vor zweieinhalb Jahrtausenden hat der jüdische Psalmist gebetet: »Herr, lehre uns, unsere Tage zu zählen. Lehre mich, daß ich davon muß.«

Was wir so genau wissen – wir müssen es erst lernen.

Wir haben ein sonderbares Verhältnis zum Tod.

Wie ich mich auch zu ihm stelle, meine Freude darüber, daß ich existiere – wird überschattet von dem Ernst und von der Traurigkeit, daß es ein Ende mit mir haben wird.

Immer lebe ich mit beidem: mit der Freude, daß ich bin – und mit der Einsicht: »Ach, wie gar nichts sind alle Menschen, die doch so sicher leben.«

Der Mensch, den das bedrückt, gibt sich trotzdem nicht damit zufrieden. »Wes soll ich mich trösten,« fragt er. Er will mehr. Er will bleiben. Er will Zukunft. Er will Ewigkeit.

Er tröstet sich auf wunderliche Weise. Tod sei des Schlafes Bruder. In anderer Form würde er wiedergeboren.

Er tröstet sich mit dem Stirb und Werde in der Natur – wenn aus harten, winterstarren Zweigen das neue Grün hervorbricht. Aber die Natur war nicht wirklich tot. Sie hatte sich tief in sich zurückgezogen. Nun zeigt sie sich wieder.

An diesem Stirb und Werde haben wir auch Anteil.

Auch wir sind manchmal wie winterstarr, sind wie tot – aber dann bricht es wieder durch in uns – das Leben. Solche Tode sterben wir öfter: stirb und werde.

Aber einmal, in dem großen und letzten Tod, ist es zu Ende mit dem Stirb und Werde.

»Mensch, du bist Staub – und Staub wirst du wieder werden.«

Es heißt nicht: Mensch – dein Körper ist Staub und der wird wieder Staub werden – du aber, Mensch, du bleibst.

Nein – du bist Staub.

Der Tod wird nicht verharmlost. Mit Wiederbelebung ist nicht zu rechnen. Die Gräber behalten, was wir ihnen übergeben. Wohl hat es Sinn, die Gräber zu besuchen, nicht weil sich da einmal die Auferstehung abspielt, sondern weil da die irdische Spur eines Menschen zu Ende gegangen ist. Das macht den Ort ehrfürchtig. Karsamstag: das ist Grab, Auflösung, Staub.

Nur wer den Karsamstag aushält, darf auf Ostern hoffen.

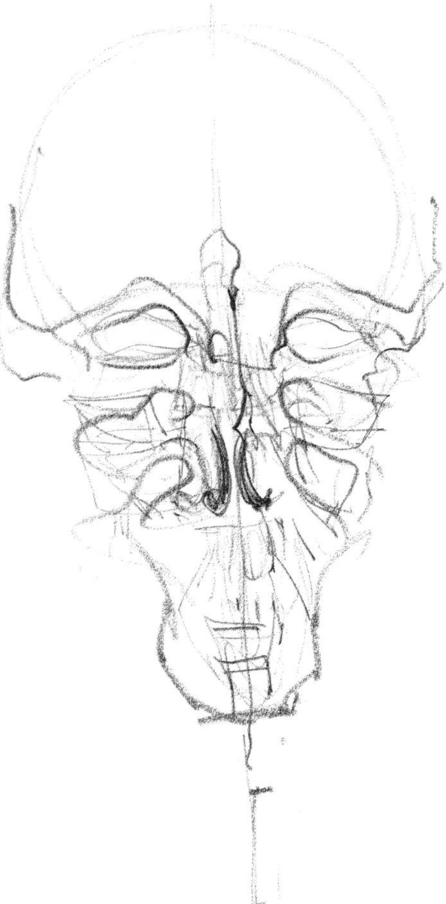

15.

Die Bilder dieses Zyklus hängen in Gruppen. Ein Bild, das letzte, hängt allein.

Vierzehn Stationen hat der Kreuzweg in der Tradition seiner Bilder. Die vierzehnte hat zum Thema: »Jesus wird ins Grab gelegt«. Den vierzehn Bildern fügt Herbert Falken ein fünfzehntes hinzu. Indem es für sich hängt, will es sagen, daß es hier um etwas anderes geht als in den vierzehn vorausgegangenen Bildern. Aber: indem es das letzte in der Reihe ist, schließt es auch diesen Zyklus ab.

Schauen wir das Bild an.

Ein grobes, schwarzes, schräggestelltes Rechteck, das unten rechts in einem breiten Balken ausläuft. Es füllt fast ein Drittel der Bildfläche.

In diesem tiefen Schwarz ist eine Figur eben angedeutet: in Kopf und Armen. Diese dunkle Figur ist ganz der schwarzen Fläche verhaftet. Aber hinter der schwarzen Fläche hebt sich eine Figur: im schwarzen Teil mit hellen Grau-Strichen, im hellen Teil mit schwarzen und grauen Strichen gezeichnet.

Diese Figur ist viel größer als die schwarze Fläche.

Das Haupt ist aufgerichtet. Die Arme sind weit ausgespannt. Der Auferstandene?

Herbert Falken hat Recht: es ist unmöglich, die Auferstehung zu malen. Alle bekannten Bilder des Auferstandenen zeigen ihn ja in seiner vertrauten Leiblichkeit, als ob ein Toter wiederbelebt sei. Das hält aber der Dimension der Auferstehung nicht stand. Die Vorstellungskategorien von Raum und Zeit reichen nur bis zum Grab.

Und deshalb kommt Herbert Falken mit diesen Linien, die mehr andeuten als zeigen, die mehr ahnen lassen als Feststellungen treffen, der Dimension von Auferstehung näher.

Das finstre, schwere Grab ist von dieser Welt. Die Figur, die sich da erhebt, ist nicht von dieser Welt.

Die schwarze Fläche – ist es das verschlossene Grab, das eine Auferstehung nicht halten kann, weil sie sich abspielt jenseits von Raum, Schwere, Ort und Zeit?

Oder ist es das offene, dunkle Grab, die angedeutete Figur in der Schwärze: der tote Körper, der sich nicht wiederbeleben muß, um aufzustehen, weil der Auferstandene in verklärtem Leib und in verklärter Seele lebt, also nicht materiell – und doch in seiner Identität unversehrt?

Ganz anders als wir – aber so wirklich wie wir, so gibt er sich zu sehen: der Maria Magdalena zuerst, dann den Aposteln, dann den Jüngerinnen und Jüngern.

Der Tote ist nicht in dieses Leben zurückgekehrt. Genau so wenig, wie wir nach dem Tod in unser Leben zurückkehren.

Aber der Tote lebt.

Keiner der Zeugen kann ihn beschreiben. Aber sie wissen, daß sie sich das nicht einbilden.

Lieber lassen sie sich totschlagen – als das zu leugnen: daß der Tote lebt.

Nicht das »Warum« ohne Antwort, nicht die dunkle Nacht der Verlassenheit, nicht diese Schmerzen, nicht die Schleier der Agonie, nicht der Tod, nicht die Auflösung bis zum Staub hatte das letzte Wort.

Er ist in seine Auferstehung hineingestorben, in die endgültige Annahme seiner menschlichen Existenz durch den Vater.

»Hinabgestiegen in das Reich des Todes. Auferstanden von den Toten« – das sind Wirklichkeiten, für die wir keine Vokabeln haben – und auch nie welche finden werden: jenseits von Raum und Zeit, jenseits von Bild und Begriff.

Weil wir aber nur in Raum und Zeit denken können – und weil wir Bilder brauchen, mehr als Begriffe – hat es Sinn, wenn wir zu Ostern singen: »Das Grab ist leer« und »Drei Tage nur hielt ihn das Grab«. Jesus starb in seine Auferstehung hinein.

Das glauben und erhoffen wir auch für uns.

Wohl bedürfen wir der Läuterung und der Reinigung. Vieles davon leisten wir schon hier ab. Was fehlt, vertrauen wir dem barmherzigen Gott an.

Das vertraue ich dem an, zu dem ich lebenslang »Vater« sage.

Gestaltung:
Burkhard Finken,
Finken & Bumiller, Stuttgart

Herstellung:
Freiburger Graphische Betriebe

Gedruckt auf umweltfreundlichem,
chlorfrei gebleichtem Papier.
Printed in Germany

ISBN 3-451-26332-7